어른이 되어가는 너에게

어른이 되어가는 너에게

초판 1쇄 발행 2012년 12월 20일
초판 4쇄 발행 2015년 2월 10일
2판 1쇄 발행 2017년 11월 20일
2판 2쇄 발행 2020년 12월 10일

엮은이 _ 밝은사람들
펴낸이 _ 김가연

출판등록 2002년 7월 26일 | 제 2011-8호

밝은사람들
주소 _ 대구광역시 남구 현충로8길 9-4
전화 _ 053-660-6600   팩스 _ 053-656-8484
주문전화 _ 053-660-6600
이메일 _ hipr@hanmail.net
홈페이지 _ www.hongbosil.com

© 밝은사람들, 2012
ISBN 978-89-967867-5-7 03370

이 도서의 국립중앙도서관 출판시도서목록(CIP)은
e-CIP홈페이지(http://www.nl.go.kr/ecip)와 국가자료공동목록시스템
(http://www.nl.go.kr/kolisnet)에서 이용하실 수 있습니다.
(CIP제어번호 : CIP2012005836)

책값은 뒤표지에 있습니다.
잘못 만든 책은 구입하신 곳에서 바꿔 드립니다.

> **밝은사람들**은 독자님들의 책 만들 아이디어와 원고를 기다립니다.
> 좋은 책 만들 훌륭한 아이디어가 있으신 분은
> 이메일 hipr@hanmail.net으로 간단한 개요와 취지, 연락처 등을 보내주세요.
> 예쁘고 내용이 알찬 책을 만들어 드립니다.

어른이 되어가는 너에게

보다 어질고 선하게

우리 아이들이 나이 들어 어른이 되기 전에
이 책에 담긴 귀한 가르침으로
바른 마음 밝은 얼굴부터 배우고 익히면 좋겠습니다.

그리하여, 늘 환하게 웃는 모습으로
배운 대로 거울삼아 바르게 실천하여
이 땅 위 아이들 모두가
보다 어질고 선하며 슬기롭고 올곧았으면 좋겠습니다.

>> 펴내며

보다 어질고 선하게

우리 아이들이 나이 들어 어른이 되기 전에
이 책에 담긴 귀한 가르침으로
바른 마음 밝은 얼굴부터 배우고 익히면 좋겠습니다.

그리하여, 늘 환하게 웃는 모습으로
배운 대로 거울삼아 바르게 실천하여
이 땅 위 아이들 모두가
보다 어질고 선하며 슬기롭고 올곧았으면 좋겠습니다.

이 책이 나올 수 있도록 가까이서 지켜봐 주신,
명심보감을 지은 추적 선생님의
24세 종손 추연섭 선생님께 고마운 마음을 올립니다.

2020년 12월
밝은사람들

>> 권하며

기쁜 마음으로 두고두고 읽어야

밝은사람들에 근무하는
눈빛 초롱 초롱한 젊은이들이 뜻을 세웠습니다.

고려 학자 추적(秋適) 선생님의 명심보감을
우리 아이들이 보다 쉽게 읽고
보다 편하게 이해할 수 있도록 풀어서 엮었습니다.

「어른이 되어가는 너에게」는
그냥 재미로 한번 읽고 그대로 덮어둘 책이 아닙니다.

이 가르침들이 가슴에 진하게 새겨질 때까지
기쁜 마음으로 두고두고 거듭해서 읽어야 합니다.

이 책 「어른이 되어가는 너에게」는
우리들의 미래를 희망으로 밝히게 될 것입니다.

2012년 12월
추적 선생님 24세 종손   추연섭

나는 이 책을 늘 가까이 두고
이 가르침이 가슴에 진하게 새겨질 때까지
기쁜 마음으로 두고두고 거듭해서 읽겠습니다.

                 년   월   일

_____ 다짐

어른이 되어가는 / 너에게

따라야

나무는
먹줄을 따라 깎고 다듬어야
쓸모 있는 재목이 되고

사람은
가르침을 따라 배우고 익혀야
바르고 거룩해집니다.

하루 동안

하루 동안
마음이 맑고 밝으면

하루 동안
신선이 됩니다.

이 하루가 백일 되고
이 하루가 천일 됩니다.

어른이 되어가는 중, 너에게

어른이 되어가는　너에게

착해야

착한 사람 보기를 즐기고

착한 일 듣기를 즐기고

착한 말하기를 즐기며

착한 뜻 옮기기를 즐겨야 합니다.

내 삶이 착해야
세상이 착해집니다.

어른이 되어가는 너에게

깨닫게

맑은 거울은
얼굴을 살펴 깨닫게 하고

지나간 일은
오늘을 살펴 깨닫게 합니다.

어른이 되어가는 너에게

내가
먼저

남이 나를
소중히 받들어 주기를 바란다면

내가 먼저
남을 소중히 받들어야 합니다.

어른이 되어가는 / 너에게

밥

하루 세 끼
밥 먹을 때마다

들판 뙤약볕 아래
검게 탄 농부가 흘린
거친 구슬땀을 생각합니다.

어른이 되어가는 / 너에게

빗물을 보면

내가 평소 부모님께 효도하면
내 자식 또한 본받아
나에게 효도하고

내가 효도하지 않으면
내 자식 또한 나에게
효도할 줄 모르게 됩니다.

처마 끝에 떨어지는
빗물을 지켜보면
방울방울 이어져 내림이
어느 한 방울 어긋남이 없습니다.

어른이 되어가는 / 너에게

참아야

화가 날 때는
불 끄듯 참아내고

지나친 욕심은
물 막듯 참아내야 합니다.

어른이 되어가는 / 너에게

하루라도

하루라도
바르고 착한 생각을 하지 않으면
나도 모르게 나쁜 생각이
저절로 자꾸만 일어납니다.

그러니
착한 일은 아무리 작아도
찾아가며 해야 하고

나쁜 일은 아무리 작아도
애써가며 피해야 합니다.

어른이 되어가는 / 너에게

꼼꼼히

남들이 좋아한다고
내가 정말 좋아할 일인지
꼼꼼히 살피고

남들이 싫어한다고
나도 덩달아 싫어할 일인지
꼼꼼히 살핍니다.

어른이 되어가는   너에게

계 획

일생의 계획은 어릴 때에 있고
일 년의 계획은 봄에 있으며
하루의 계획은 새벽에 있습니다.

때문에
어려서 배우지 않으면
늙어서 아는 것이 없고

봄에 밭을 갈지 않으면
가을에 거둘 것이 없으며

새벽에 일어나지 않으면
그 날 하루가 알차지 못합니다.

어른이 되어가는 / 너에게

고운 말

고운 말을
항상 입에 담습니다.

남을 해치는 말은
도리어 나를 해치게 됩니다.

피를 머금어 남에게 뿜으면
먼저
내 입이 더러워지기 때문입니다.

어른이 되어가는 너에게

먼 데서 보면

남의 참외 밭에서는
구두끈을 고쳐 묶지 말아야 하고

남의 감나무 아래에선
모자를 고쳐 쓰지 말아야 합니다.

먼 데서 보면,
주인 몰래 참외 따듯 보이고
주인 몰래 감 따듯 여겨집니다.

어른이 되어가는 / 너에게

가려
가며

내 귀로 남의 허물 듣지 말고

내 눈으로 남의 못남 보지 말고

내 입으로 남의 허물 말하지 않아야

바르고 어질다 할 수 있습니다.

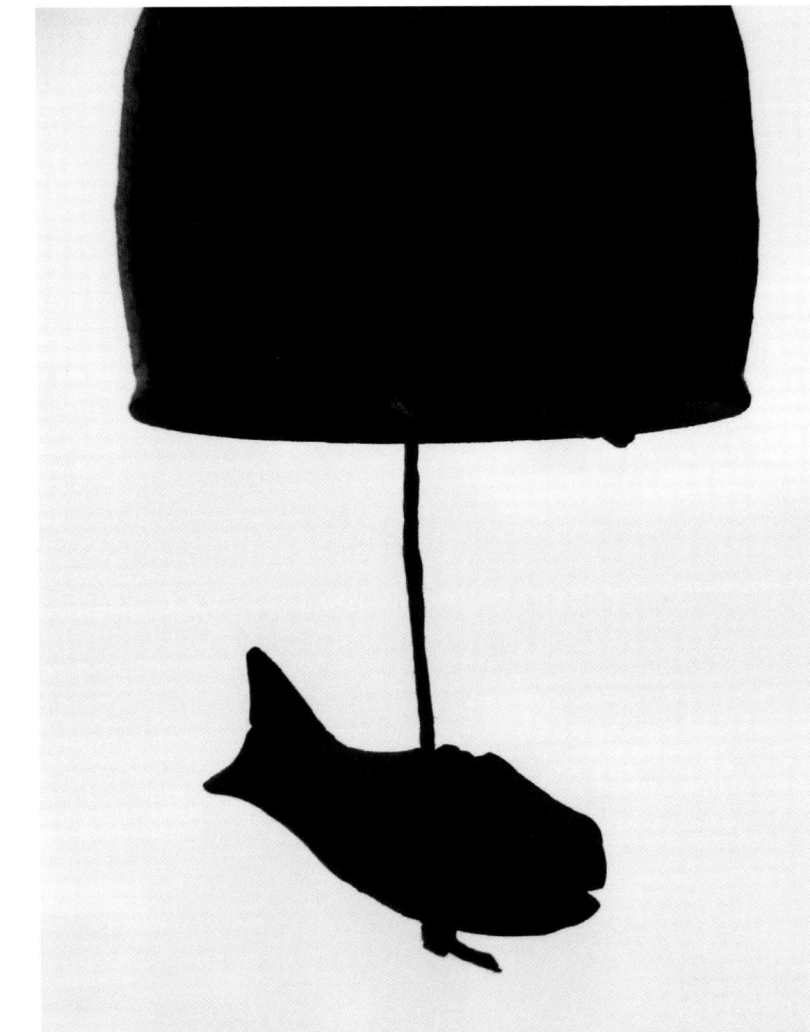

어른이 되어가는 / 너에게

살펴가며

복은
청렴하고 검소할 때 생기고

바른 성품은
나를 낮춰 겸손할 때 생기며

근심과 재앙은
욕심이 많을 때 생기고

실수는
가볍고 교만할 때 생깁니다.

그러니
주위를 살펴가며
삿된 마음을 따르지 말고
어질고 따뜻한 사람을
늘 가까이 해야 합니다.

어른이 되어가는 / 너에게

아무리 어리석은 사람이라도
남을 꾸짖는 데는 앞서고

아무리 총명하다 해도
자기를 용서하는 데는 무사랍니다.

남을 꾸짖는 마음으로
자기의 허물을 차갑게 꾸짖고

자기를 용서하는 마음으로
너그러이 남을 용서해야 합니다.

어른이 되어가는 / 너에게

말아야

남에게 은혜를 베풀었다면
그 보답을 바라지 말고
또한 후회하지도 말아야 합니다.

어른이 되어가는 / 너에게

나

남의 선함을 보면서
나의 좋은 마음을 짚어보고

남의 악함을 보면서
나의 나쁜 버릇을 깨달아야 합니다.

내가 귀하다고 여겨
함부로 남을 천하게 대하지 말고

내가 좀 돋보인다고 여겨
함부로 남을 업신여기지 말아야 합니다.

'나'도 누군가의 '남'입니다.

어른이 되어가는 너에게

법

법을 제대로 지키면
날마다 사는 게 즐겁고

조금이라도 법을 어기면
날마다 근심 속에 살게 됩니다.

어른이 되어가는 / 너에게

어질게

어진 마음으로
덕을 베풀면
자자손손 편하게 잘 풀리고

시기하고 원망하는 마음으로
싸우고 보복하면
자손에게 위태로움과
나쁜 재앙으로 돌아옵니다.

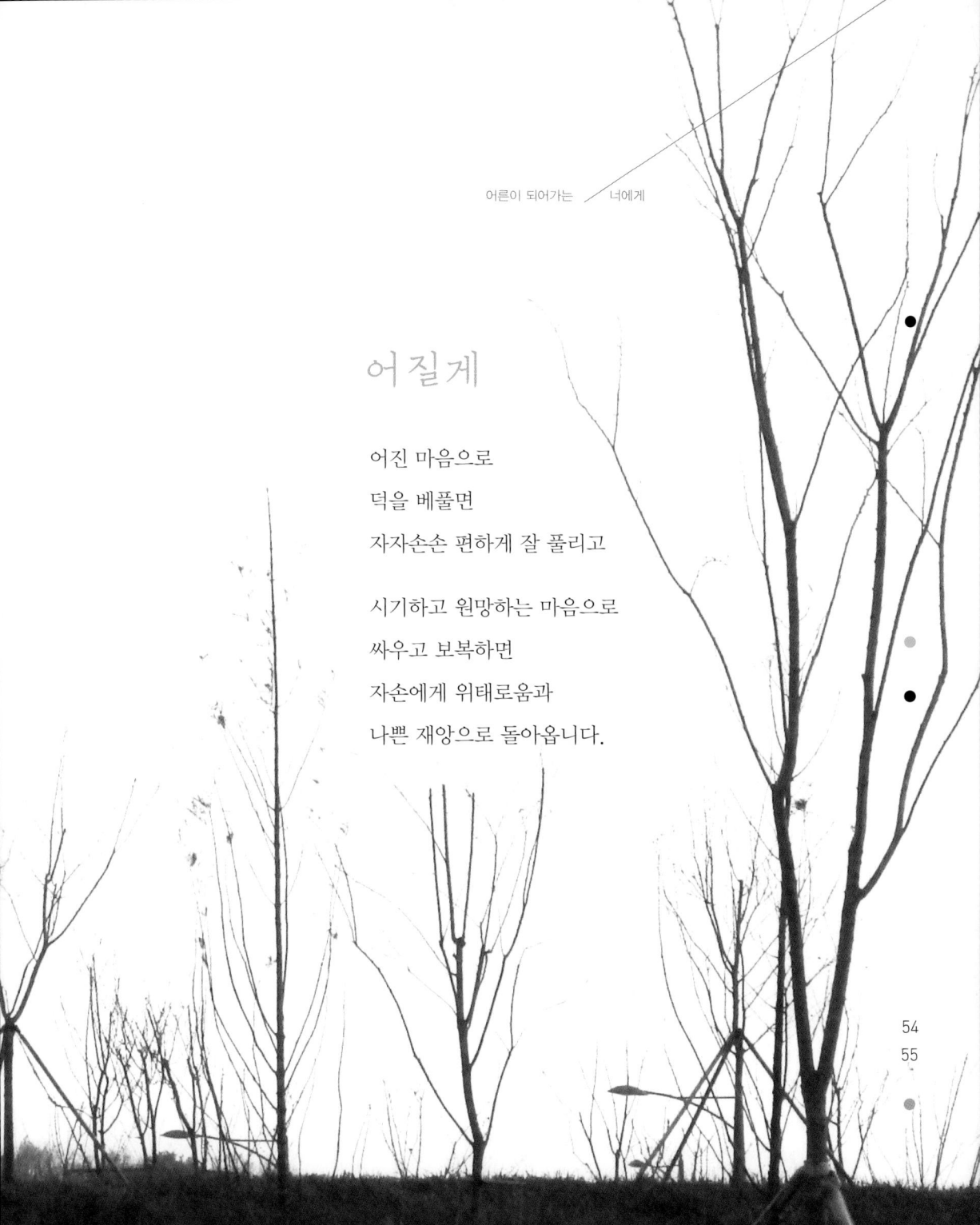

어른이 되어가는 / 너에게

낮춰

자기를 낮춰 굽히는 사람은
높고 중요한 자리에 오를 수 있고

누구에게나 이기기를 좋아하는 사람은
반드시 이기지 못할
무서운 적을 만나고 맙니다.

어른이 되어가는 너에게

항상

착한 일은
항상 부족한 듯
자꾸만 보태고

나쁜 짓은
항상 끓는 물 겁내듯
자꾸만 멀리해야 합니다.

어른이 되어가는 / 너에게

배움

옥은 다듬지 않으면
가락지를 이루지 못하고

사람은 배우지 않으면
바른 지혜를 깨닫지 못합니다.

집이 가난하더라도
가난 때문에
배우는 것을 포기하지 말고

집이 부자라 하더라도
부유한 것을 믿고
학문을 게을리해선 안 됩니다.

배움이 곧 보배니
바르게 배운 사람이
곧 세상의 보배입니다.

어른이 되어가는 / 너에게

듣더라도

누가 나를
터무니없이 욕하더라도
화내어 달려들지 말아야 하고

누가 나를
끝없이 칭찬하더라도
가벼이 들떠 기뻐하지 않아야 합니다.

남의 나쁜 소문을 듣더라도
이를 옮기지 말아야 하고

남의 착한 소문을 듣거든
더불어 기뻐하고
새겨가며 본받아야 합니다.

어른이 되어가는 / 너에게

성공

안으로
어진 어버이 안 계시고

밖으로
엄한 스승 안 계시며

가까이
슬기로운 벗이 없으면

성공하기 쉽지 않습니다.

어른이 되어가는 / 너에게

뉘우치게

주어진 자리에서 정직하지 않으면
그 자리를 잃을 때 뉘우치게 되고

부자라고 검소하게 살지 않으면
가난해져서 뉘우치게 되고

어렸을 때 열심히 배우지 않으면
나이 들어서 뉘우치게 되고

술 취한 뒤 함부로 말하면
술 깬 뒤 뉘우치게 되고

몸이 건강할 때 조심하지 않으면
병든 뒤 이를 뉘우치게 됩니다.

어른이 되어가는   너에게

착한 일은

착한 일을 보거든
목마른 듯 달려들고

나쁜 말을 듣거든
모르는 척 피해야 합니다.

착한 일은
아무리 많이 해도 모자라고

나쁜 일은
아무리 줄여도 많습니다.

어른이 되어가는 너에게

의심

사람을 의심하려거든
쓰지 말고

사람을 쓰거든
의심하지 말아야 합니다.

어른이 되어가는 / 너에게

마음

호랑이 겉모양은 그리기 쉬우나
그 뼈는 그리기 어렵고

사람의 얼굴은 쉽게 알지만
그 마음은 제대로 알지 못합니다.

깊은 바다는
마르면 바닥을 볼 수 있으나

사람은
아무도 그 속마음을 알지 못합니다.

어른이 되어가는 / 너에게

복

복이 있어도
다 누리지 말아야 합니다.
복이 다하면
몸이 가난해집니다.

권세가 있어도
다 부리지 말아야 합니다.
권세가 다하면
원수와 만납니다.

그러니
복이 있거든
늘 스스로 아끼고
권세가 주어지면
항상 낮춰가며 겸손해야 합니다.

어른이 되어가는 / 너에게

회초리

엄한 부모가
바른 자식을 키웁니다.

자식의 바른 길엔
부모의 회초리가 함께 합니다.

어른이 되어가는 / 너에게

저절로

위태로움 알고
험한 것 알면
그물에 걸리는 일이
없게 되고

선한 사람을 들이고
어진 사람을 모으면
편안한 길이
저절로 열립니다.

어른이 되어가는 / 너에게

알고자

그 사람을 알고자 하면
먼저 그 벗을 살펴보고

그 부모를 알고자 하면
먼저 그 자식을 살펴봅니다.

어른이 되어가는　너에게

너무

물이 너무 맑으면
고기가 놀지 않고

사람이 너무 까다로우면
가까이 친구가 없습니다.

어른이 되어가는 너에게

싫어

봄비는 고마우나
길가는 사람은 그 흙탕물을 싫어하고

가을 달이 밝으나
도둑은 그 밝은 빛을 싫어합니다.

어른이 되어가는 / 너에게

남의

남의 흉은 들추지 말고

남의 선함은 널리 알리며

남의 급한 일은 앞장서 돕습니다.

어른이 되어가는 너에게

남 탓

자기 두레박 끈 짧은 것은
탓하지 않고

남의 집 우물 깊은 것만
탓합니다.

늘
나의 부족함을 살펴
깨달아야 합니다.

어른이 되어가는 너에게

편하고

나라가 바르면
민심이 편하고

아내가 어질면
남편이 편하고

남편이 든든하면
아내가 편하고

자식이 효도하면
부모가 편해집니다.

어른이 되어가는 너에게

재앙

까닭 없이 금덩이를 얻는다면
그것은 복이 아니라
재앙입니다.

어른이 되어가는 / 너에게

참고 견디면

한순간 분하고 억울하더라도
꾹 참고 견디면
두고두고 근심을
피할 수 있습니다.

참을 수 없다고
이를 참고 견디지 않으면
쉽게 지나갈 일 조차
크게 어려워집니다.

어른이 되어가는 / 너에게

베풀며

집이 천 칸이라도
밤에는 방 한 칸에 눕고

기름진 논이 아무리 넓어도
하루에 쌀 두 뇌도 못 먹습니다.

이렇듯 나를 위해선
그리 많은 게 필요하지 않으니
항상
베풀고 나누며 살아가는 지혜가
필요합니다.

어른이 되어가는 / 너에게

믿음

내 눈앞에서 본 일도
모두 다 믿지 못하는데

이런저런 사람들 건너온 남의 말을
어찌 다 믿겠습니까.

어른이 되어가는 / 너에게

넘침

그릇이 차면
물이 넘치고

사람이 자만하면
잃을 게 넘칩니다.

아무리 남보다 잘나도
나를 낮춰
겸손하고 겸허해야 합니다.

어른이 되어가는 / 너에게

두루 맞추기는

고깃국
그 맛이 아무리 좋아도

여러 사람 입맛에 두루 맞추기는
그리 쉽지 않습니다.

어른이 되어가는 / 너에게

이겨내

백옥은 진흙 속에 던져도
그 빛을 더럽힐 수 없고

군자는 혼탁한 곳에 가더라도
그 마음을 어지럽히지 않습니다.

눈 덮인 소나무가 추위와 무게를 참고 견디듯
어질고 슬기로운 사람은
어떤 어려움도 스스로 이겨냅니다.

어른이 되어가는 너에게

가까이 멀리

부자라고 가까이하지 않고
가난하다고 멀리하지 않아야
이를 바른 사람이라 하고

부자라고 가까이하고
가난하다고 멀리하면
이를 못난 사람이라 합니다.

어른이 되어가는 / 너에게

함께 있으면

선한 사람과 함께 있으면
꽃밭에 들어간 듯
곧 그 향기 내 몸에 배고

악한 사람과 함께 있으면
쓰레기 썩는 곳에 들어간 듯
곧 그 고약한 냄새가 내 몸에 뱁니다.

어른이 되어가는 / 너에게

조심

해와 달이 아무리 밝으나
엎어놓은 그릇 속은 비추지 못하듯

나쁜 재앙이 마구 돌아다녀도
조심하는 집 대문 안에는 들지 못합니다.

어른이 되어가는 / 너에게

반드시

말은 미덥게
음식은 알맞게
글씨는 반듯하게
용모는 단정하게
걸음걸이는 씩씩하게

일은 반드시 계획을 세워 시작합니다.

어른이 되어가는 너에게

검소

손님을 모실 때는
넉넉하게 베풀어야 하지만

집안을 다스림에는
항상 검소해야 합니다.

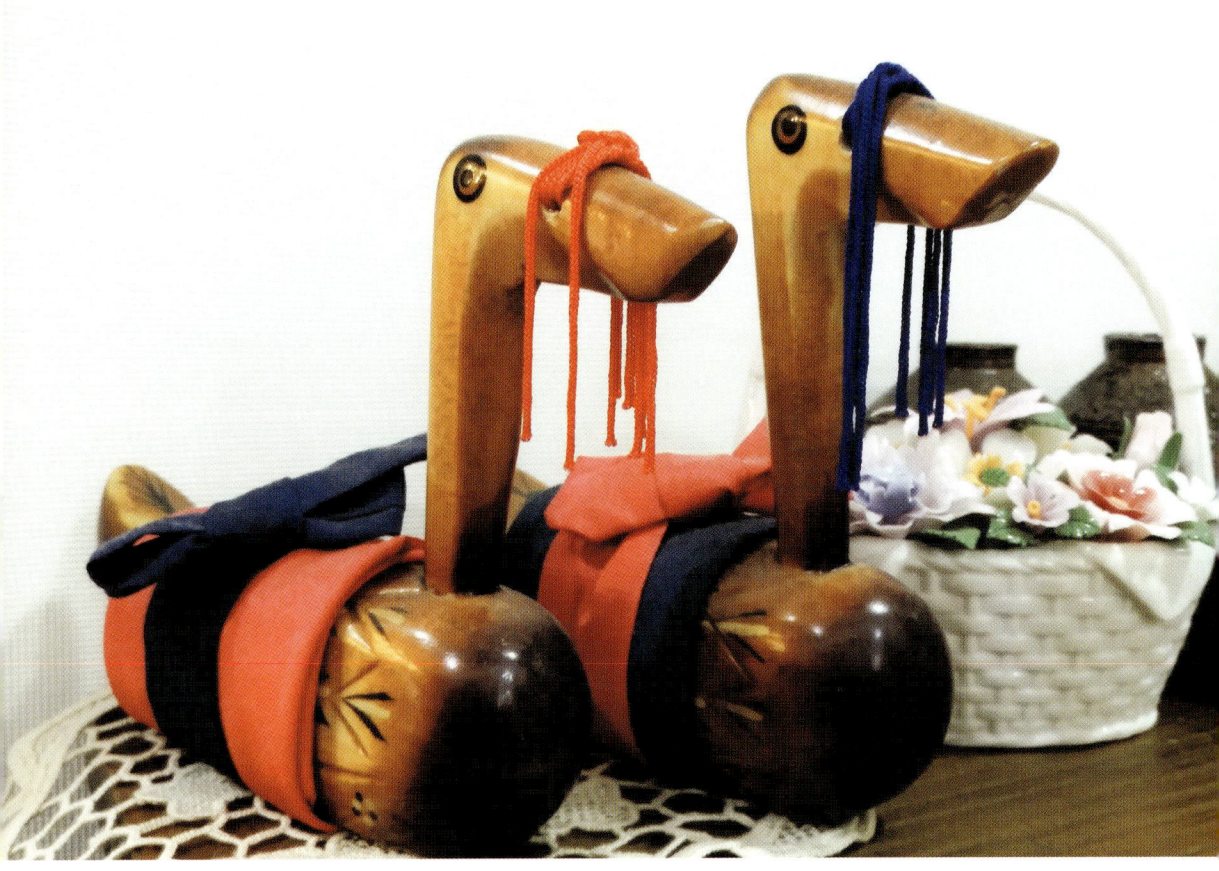

어른이 되어가는 너에게

혼사
장가가고 시집갈 때
재물을 따지지 말아야 합니다.

어른이 되어가는 / 너에게

순서

늙음과
젊음

어른과
아이는

하늘이 정한 순서입니다.

어른이 되어가는 너에게

예의

방문을 나갈 때는
큰손님 만나듯
예의를 다하고

방으로 들 때는
어른이 계시듯
예의를 다해야 합니다.

어른이 되어가는 너에게

부모와 자식

부모는
자식의 덕을 자랑하지 않으며

자식은
부모의 허물을 말하지 않아야 합니다.

어른이 되어가는 / 너에게

말

입은
사람을 상하게 하는 도끼요

말은
혀를 베는 칼이니

입을 막고
혀를 깊이 감추면
가는 곳마다 편할 것입니다.

어른이 되어가는   너에게

알고

길이 멀어야
타고 가는 말의 힘을 알고

오래 사귀어야
그 사람의 마음을 압니다.

어른이 되어가는 / 너에게

세월

오늘 배우지 않고서
내일이 있다고 말하지 말고
올해 배우지 않고서
내년이 있다고 말하지 말아야 합니다.

해와 달은 흐르고
세월은 나를 기다려 주지 않습니다.

젊은 시절은 다시 오지 않고
하루에 새벽이 두 번 오지 않으니
때를 놓치지 말고 학문을 닦아야 합니다.

세월은
잠시도 사람을 기다려주지 않습니다.

어른이 되어가는 / 너에게

시작

첫걸음을 시작 않으면
천리 먼 곳에 이르지 못하고

빗물이 모이지 않으면
깊고 넓은 강물을 이루지 못합니다.

이 책부터 배우고 익힌 뒤
'어른'이 됩니다.

이 책을 다 읽었다고 그만 책꽂이에 갖다 두지 말고,
두 번 세 번 거듭해서 읽고 또 읽으면
그때마다 새로운 가르침을 만나게 됩니다.